Baby's Name:

Date of Birth:

Parent's Name:

Parent's Name:

Guest: _____

Date: _____

Comment

Guest: _____

Date: _____

Comment

Guest: _____

Date: _____

Comment

Guest: _____

Date: _____

Comment

Guest: _____

Date: _____

Comment

Guest: _____

Date: _____

Comment

Guest: _____

Date: _____

Comment

Guest: _____

Date: _____

Comment

$\mathcal{G}uest:$ _____

$\mathcal{D}ate:$ _____

$\mathcal{C}omment$

Guest: _____

Date: _____

Comment

$\mathcal{G}uest:$ _____

$\mathcal{D}ate:$ _____

$\mathcal{C}omment$

Guest: _____

Date: _____

Comment

Guest: _____

Date: _____

Comment

Guest: _____

Date: _____

Comment

Guest: _____

Date: _____

Comment

Guest: _____

Date: _____

Comment

$Guest:$ _____

$Date:$ _____

$Comment$

Guest: _____

Date: _____

Comment

Guest: _____

Date: _____

Comment

Guest: _____

Date: _____

Comment

Guest: _____

Date: _____

Comment

$\mathcal{G}uest:$ _____

$\mathcal{D}ate:$ _____

$\mathcal{C}omment$

Guest: _____

Date: _____

Comment

Guest: _____

Date: _____

Comment

Guest: _____

Date: _____

Comment

Guest: _____

Date: _____

Comment

$\mathcal{G}uest:$ _____

$\mathcal{D}ate:$ _____

$\mathcal{C}omment$

Guest: _____

Date: _____

Comment

Guest: _____

Date: _____

Comment

Guest: _____

Date: _____

Comment

Guest: _____

Date: _____

Comment

Guest: _____

Date: _____

Comment

Guest: _____

Date: _____

Comment

$Guest:$ _____

$Date:$ _____

$Comment$

Guest: _____

Date: _____

Comment

Guest: _____

Date: _____

Comment

Guest: _____

Date: _____

Comment

Guest: _____

Date: _____

Comment

Guest: _____

Date: _____

Comment

Guest: _____

Date: _____

Comment

Guest: _____

Date: _____

Comment

$\mathcal{G}\,u\,e\,s\,t:$ _____

$\mathcal{D}\,a\,t\,e:$ _____

$\mathcal{C}\,o\,m\,m\,e\,n\,t$

Guest: _____

Date: _____

Comment

$\mathcal{G}uest:$ _____

$\mathcal{D}ate:$ _____

$\mathcal{C}omment$

Guest: _____

Date: _____

Comment

Guest: _____

Date: _____

Comment

Guest: _____

Date: _____

Comment

Guest: _____

Date: _____

Comment

Guest: _____

Date: _____

Comment

Guest: _____

Date: _____

Comment

Guest: _____

Date: _____

Comment

$\mathcal{G}uest:$ _____

$\mathcal{D}ate:$ _____

$\mathcal{C}omment$

Guest: _____

Date: _____

Comment

Guest: _____

Date: _____

Comment

$Guest:$ _____

$Date:$ _____

Comment

Guest: _____

Date: _____

Comment

$Guest$: _____

$Date$: _____

Comment

Guest: _____

Date: _____

Comment

$\mathcal{G}uest:$ _____

$\mathcal{D}ate:$ _____

$\mathcal{C}omment$

Guest: _____

Date: _____

Comment

Guest: _____

Date: _____

Comment

Guest: _____

Date: _____

Comment

Guest: _____

Date: _____

Comment

Guest: _____

Date: _____

Comment

Guest: _____

Date: _____

Comment

Guest: _____

Date: _____

Comment

Guest: _____

Date: _____

Comment

Guest: _____

Date: _____

Comment

Guest: _____

Date: _____

Comment

Guest: _____

Date: _____

Comment

Guest: _____

Date: _____

Comment

Guest: _____

Date: _____

Comment

$\mathcal{G}uest:$ _____

$\mathcal{D}ate:$ _____

$\mathcal{C}omment$

Guest: _____

Date: _____

Comment

Guest: _____

Date: _____

Comment

$Guest:$ _____

$Date:$ _____

$Comment$

Guest: _____

Date: _____

Comment

Guest: _____

Date: _____

Comment

Guest: _____

Date: _____

Comment

Guest: _____

Date: _____

Comment

Guest: _____

Date: _____

Comment

Guest: _____

Date: _____

Comment

Guest: _____

Date: _____

Comment

Guest: _____

Date: _____

Comment

Guest: _____

Date: _____

Comment

$\mathscr{G}$uest: _____

$\mathscr{D}$ate: _____

$\mathscr{C}$omment

Guest: _____

Date: _____

Comment

Guest: _____

Date: _____

Comment

Guest: _____

Date: _____

Comment

Guest: _____

Date: _____

Comment

$\mathcal{G} u e s t:$ _____

$\mathcal{D} a t e:$ _____

$\mathcal{C} o m m e n t$

Guest: _____

Date: _____

Comment

Guest: _____

Date: _____

Comment

Guest: _____

Date: _____

Comment

Guest: _____

Date: _____

Comment

Guest: _____

Date: _____

Comment

Guest: _____

Date: _____

Comment

Guest: _____

Date: _____

Comment